RÉCLAMATION

DE M. VERGNE,

PREMIER ECHEVIN DE PARIS,

POUR le rétablissement de ses Fonctions.

J'AI ÉTÉ élu Echevin à la S.-Roch 1788, conjointement avec M. *Rouen*, pour deux années qui ne doivent expirer qu'à la S.-Roch 1790. Je me trouve, par la pluralité des voix, premier Echevin, depuis la S.-Roch 1789, époque de la retraite de MM. *Buffaut &* *Sageret*, qui me précédoient, & qui ont fini leur temps.

J'ai été informé, le 27 Août 1789, par *Monsieur Bailly*, Maire de Paris, que M. Rouen & moi n'étions plus Echevins ; que nous ne devions plus faire aucune fonction, ni signer en cette qualité, & que l'Assemblée-Générale des Représentans de la Commune l'avoit ainsi arrêté, dès le 14 Août 1789.

Quoique *Messieurs* composant ladite Assemblée n'ayent pas jugé à propos de faire connoître à M. Rouen ni à moi cette décision, que nous avons ignorée l'un & l'autre jusqu'au dit jour 27 Août 1789, & que ce ne soit

A

qu'avec moi-seul que Monsieur le Maire de Paris s'en soit entretenu dans la conversation, son simple témoignage devant nous suffire, je tiens, en mon particulier, cette décision pour d'autant plus certaine, que, par le fait, M. Rouen & moi sommes actuellement dépouillés de nos fonctions, puisque d'autres les exercent, sans nous y appeller, & qu'ils siégent à nos places.

Dans ces circonstances, *considérant* que, conjointement avec quelques autres membres du Bureau de la Ville que j'avois alors pour Collégues, & avec plusieurs de MM. les Electeurs, qu'un très-grand nombre de Citoyens assemblés à l'Hôtel-de-Ville, le lundi 13 Juillet 1789, avoient nommés pour gérer les affaires de la Commune, conjointement & sous la présidence des Officiers Municipaux qui composoient alors le Bureau de la Ville, & que ladite Assemblée a confirmés dans leurs pouvoirs & qualités d'Officiers Municipaux, nous avons, les premiers, opéré la Révolution à laquelle la Nation doit sa Liberté ; *que je me suis livré sans réserve au soutien & à la défense de la Cause publique* ; *que* mon zéle patriotique manifesté bien avant la Révolution & dans un temps où il pouvoit être dangereux de le montrer, ne s'est depuis jamais démenti, *que* mon courage n'a point été ébranlé au milieu des plus grands périls où j'ai été journellement expofé ; *que*, pénétré de la vérité des grands Principes reconnus par Meffieurs les Repréfentans de la Commune de Paris, & exprimés d'une manière fi précife dans leur Arrêté du 5 Septembre 1789, portant qu'*il n'y a que les Loix pofitives & fanctionnées qui peuvent feules détruire les Loix & les Réglemens qui ont toujours été refpectés*, j'étois perfuadé que je devois être maintenu dans mes fonctions d'Echevin, ainfi que dans les honneurs & attributions qui en dépendent, pendant la durée du temps pour lequel j'ai été nommé, ou au moins jufqu'à ce que mes Concitoyens ayent nommé d'autres perfonnes qui me remplacent d'une manière légale & complette ; *que* l'Affemblée Nationale, par l'article 7 de fon Décret du 4 Août 1789, en fupprimant la vénalité des Offices de Judicature & de Municipalité, bien loin d'avoir eu l'intention d'anéantir *ipfo facto*, & dans le moment actuel les Officiers pourvus de Places Municipales qu'ils n'ont obtenues que par élection, & par commiffion pour un temps limité, paroît au contraire avoir voulu les y maintenir provifoirement, puifqu'elle a ordonné que les pourvus d'Offices vénaux continueroient de les exercer & d'en percevoir les émolumens, jufqu'à ce qu'il ait été pourvu par l'Affemblée aux moyens de leur procurer leur remboursement ; *qu'enfin* ayant été élu Echevin fuivant les formes ufitées & établies par les anciens Réglements & Ordonnances de nos Rois qui fubfistoient alors dans toute leur vigueur, & qui ne font point encore abrogés ; loin de m'attendre à ne recueillir, pour prix de mes travaux & de mes veilles, qu'une deftitution anticipée & provifoire de mes fonctions d'Echevin, j'avois lieu d'efpérer quelques témoignages de reconnoiffance & d'eftime de la part de mes Concitoyens.

Que néanmoins, comme, *d'une part*, je croirois manquer à la Nation entière dont les habitans de Paris forment une fi intéreffante portion, à mes Concitoyens qui m'ont confié les fonctions d'Echevin, pour deux années qui ne doivent finir qu'à la S. Roch 1790, à mon Roi entre les mains duquel j'ai juré de les remplir pendant ce temps, & enfin à moi-même comme Citoyen, fi, par mon filence, je paroiffois foufcrire à une deftitution de fonctions que mon honneur ne me permet pas d'abdiquer volontairement avant le temps pour lequel j'ai juré de les remplir; *& que, d'une autre part*, je ne puis réfifter á la force qui m'empêche de les exercer, il ne me reste donc d'autre parti à prendre que de manifester mes sentimens.

L'Adjonction de tel nombre de Co-opérateurs ou de Surveillans que mes Concitoyens ont voulu me donner, ne m'a jamais déplu. Ma conduite ayant toujours été pure, je n'ai pas craint qu'elle fût éclairée. Mon empressement à procurer les instructions qui m'ont été demandées, ne doit laisser aucun doute à ce sujet.

La finance, cette partie si importante & si délicate, dont l'inspection & la surveillance étoient spécialement attribuées au premier Echevin, a dû, avec raison, fixer l'attention de Messieurs les Représentans de la Commune. La scrupuleuse fidélité du Trésorier actuel de la Ville, & de celui qui tient la caisse, a été démontrée par le compte numérique qui en a été fait d'après les Regiſtres-Journaux & de contrôle, au moment où il a été demandé. Cette exactitude ne fait pas moins la preuve de leur probité que de la continuelle surveillance des Officiers Municipaux jusqu'à présent chargés de l'emploi des deniers de la Commune. Falloit-il donc me dépouiller provisoirement de l'exercice de mes fonctions, lorsqu'aucun motif n'en justifie la nécessité ?

Quelques considérations que méritent les personnes actuellement chargées de l'ancienne Administration des affaires de la Ville, quelque juste confiance que j'aye personnellement dans leur intégrité & dans leurs lumières ; leur inexpérience sur une infinité de choses qu'on ne peut savoir qu'avec le temps ; ne les expose-t-elle pas sans cesse à des erreurs, à des méprises, ou au moins à des incertitudes très-nuisibles au cours ordinaire des affaires, & que leur eût peut-être évitées l'expérience de mon Collégue ou la mienne.

L'ordre établi dans les Bureaux des Greffes & de la Comptabilité, l'exactitude du service qui s'y fait journellement, sont dus sans doute, principalement à la capacité & au zéle des Chefs qui dirigent ces différens Bureaux. Je leur rends avec d'autant plus de plaisir ce témoignage authentique, que je ne prétends m'en rien attribuer. Ayant trouvé les choses établies telles qu'elles le sont aujourd'hui, je n'ai fait que les maintenir.

Si quelques-unes des parties de l'Admini- stration dont les Officiers Municipaux se ré- servoient plus spécialement le soin, souffrent dans ce moment, c'est l'effet naturel des cir- constances. Il n'a pas dépendu d'eux de les

tenir toutes en activité. J'ai déjà indiqué, &
j'indiquerai encore, dans tous les temps, les
moyens qui font à ma connoiſſance, pour
les y remettre, ſi on le juge à propos.

La partie des approviſionnemens de bois &
de charbons pour cette Capitale, eſt une de
celles les plus dignes de fixer l'attention de
ſes Habitans. Ayant été particulièrement char-
gé, au mois de Mai 1789, par le Bureau de
la Ville, d'aller viſiter les Ports où ſe font les
flottages des bois, ainſi que ceux deſtinés aux
charbons, de conſtater l'état des rivières de
Seine & autres y affluentes par le moyen
deſquelles ces combuſtibles arrivent à Paris,
j'ai recueilli de mon voyage diverſes connoiſ-
ſances & inſtructions, dont j'ai fait un Mémoire en forme de Rapport. Il indique des
moyens de préſerver Paris des diſétes de bois
& charbons. Je n'ai ceſſé, depuis ce temps,
de faire des efforts pour qu'on prît ce Rapport
en conſidération. Les circonſtances actuelles
n'ont pas permis de s'en occuper auſſi effica-
cement qu'il eût été néceſſaire. J'ai, depuis
quelque temps, remis des copies & extraits du
Mémoire dont il s'agit, tant à Monſieur Bailly,
Maire, qu'à Meſſieurs du Comité d'Adminiſtra-
tion. J'engage tous ceux qui, après moi,
pourront être chargés de la ſurveillance des

approvifionnemens de bois & de charbons, d'y faire les plus férieufes réflexions.

Quoique, d'après les ordres & les encoura-gemens que j'ai donnés dans les différens Ports, & autres endroits que j'ai parcourus au mois de Mai, les récompenfes que j'ai fait efpérer de la part du Bureau qui les a effectuées en tout ou partie; les comptes qui m'ont été rendus depuis ce temps, & que me rendent encore journellement le fieur *Magin*, Com-miffaire-général de la Navigation, établi à Sens, ainfi que les autres Prépofés du Bureau de la Ville, de l'état des flottages des bois & des arrivages à Paris, tant des bois que des charbons; & enfin d'après l'opinion du fieur Magin, & la mienne en particulier, on puiffe regarder comme certain l'approvifionnement de l'hiver prochain; non-feulement je ne pour-rois pas donner d'affûrances pour les années fuivantes mais même, je ne dois pas diffi-muler que j'ai annoncé dans mon Rapport, que Paris manqueroit infailliblement de bois & de charbon en 1791, s'il furvenoit un hiver pareil à celui qu'on vient d'effuyer, ou qu'on ne s'occupât pas promptement des moyens que j'ai apperçus, & que j'ai indiqués dans mon Rapport, pour perfectionner la naviga-tion des rivières, & étendre l'arondiffement,

à préfent trop circonfcrit pour les approvifionnemens.

Quand en mon particulier, je n'aurois pas eu l'avantage de recueillir des marques de fa tisfaction de ma geftion perfonnelle, de la part de quelques-uns de ceux de Meffieurs les Repré-fentans de la Commune, qui font venus partager mes travaux; mon témoignage intérieur fur l'intégrité avec laquelle je crois m'être conduit, me fuffiroit pour attendre avec confiance qu'on voulût m'en donner un plus authentique.

Je déclare donc que, fi à l'avenir je ne puis plus m'acquitter des devoirs de ma place, je ne ferai que céder à la force majeure qui m'en empêche; mais que toujours fidéle à la *Nation, au Roi, à mes Sermens & à mes Principes*, je fuis difpofé, comme par le paffé, à employer mes travaux & mes veilles au bien de la chofe publique, pour tout le temps que j'en ai contracté l'engagement. Je lui confacrerois, avec le même dévouement, le refte de ma vie, fi je me jugeois moi-même capable de plus longs efforts, & fi je n'avois la conviction intime, que, parmi mes Concitoyens, il fe trouve une infinité de perfonnes pourvues de talens, dont la Nature, prodigue envers les uns, avare envers les autres, ne m'a pas doué , & que l'esprit de Liberté , échauffé par l'amour Patriotique , va développer avec avantage , pour le bonheur de la Commune.

Convaincu, d'avance, que le choix de mes Concitoyens ne se portera que sur les sujets les plus dignes , je me ferai un devoir de le respecter.

Mais , comme on ne peut destituer sans motif & sans quelques formalités des Officiers pourvus de fonctions honorables de Magistrature , auxquelles ils ont été appellés par le choix libre de leurs Concitoyens, & qu'ils ont juré , entre les mains du Roi , de remplir , pour un temps qui n'est point expiré , je demande à mes Concitoyens qu'ils veulent bien me réintégrer provisoirement dans la plénitude des fonctions de ma Place d'Echevin , sans avoir égard à l'Arrêté de Messieurs les Représentans de la Commune , du 14 Août 1789 , jusqu'à ce que , par une Loi positive & sanctionnée , je sois complétement remplacé.

Et , pour donner à la présente Réclamation l'authenticité dont elle a besoin , il en sera , par moi , remis une semblable à *Monsieur le Président de l'Assemblée Nationale*, avec prière de la communiquer à l'Assemblée , pour en être délibéré , s'il y a lieu ; une autre à Monsieur Bailly,

Maire de Paris , pour être communiquée à l'Assemblée générale de Messieurs les Repré-sentans de la Commune de Paris , & ensuite à Messieurs des Districts, de qui ladite Assemblée tient ses pouvoirs. Il en sera déposé une au Greffe de l'Hôtel-de-Ville. Et enfin la présente Réclamation sera rendue publique par la voie de l'impression.

Fait à Paris , le. 10 Septembre 1789.

Signé , V E R G N E.

M. D C C. L X X X I X.